Heuberger Sven

Brücken ins Nichts

Über das Wesen unserer Welten

Für Erik

Herstellung und Verlag:
BoD - Books on Demand, Norderstedt
ISBN 978-3-8391-2635-6

Inhaltsverzeichnis

„Der magisch gebundene Mensch scheut die Einsamkeit deswegen nicht, weil er die leeren Räume einer wirtschaftlich noch nicht genützten Natur mit Göttern und Dämonen bevölkert. Der Mensch jener großen Zeitenwende, dieser Urahn des modernen Massenmenschen, flieht sie, weil ihm dort die Schatten der gemordeten Götter begegnen und weil ihn angesichts der Einsamkeit und des gähnenden Raumes jene große Scheu vor dem Vakuum erfaßt."

[aus Reck-Malleczwen Friedrich, Das Ende der Termiten]

Viele sind gerufen, doch wenige sind auserwählt. (Mt.22,14)

1 Eine Brücke

Eine Brücke ist ein Wegstück, das eine Seite mit einer anderen verbindet. Zwischen diesen beiden Seiten läuft ein Fluss, eine natürliche Grenze. Die Brücke verbindet diese beiden Welten miteinander. Wer sich auf der Brücke befindet ist nicht hier und er ist noch nicht dort, er bewegt sich in einer Zwischenwelt. Gäbe es keine Brücke, dann wäre man auch nicht versucht sie zu benutzen und es bliebe bei Hier, beim diesseits des Flusses. Ob das Überqueren der Brücke zum Weg gehört, hängt davon ab, ob es eine Brücke gibt, bzw. ob eine Brücke gebaut werden kann.

Die Deutung des Flusses und der Brücke reicht zurück bis in die Antike. In der Mythologie symbolisiert der Fluss Styx die Zwischenwelt, die man zusammen mit dem Fährmann Charon durchqueren muss, um ins Totenreich zu gelangen. In Dantes Göttlicher Komödie wird Dante im Lethe gebadet, um die Erinnerungen an das diesseitige Leben zu verlieren und im Jenseits wiedergeboren zu werden. Die Kraft des Flusswassers hat übernatürliche Macht und wandelt den Zustand der Seele. Wenn die Brücke als die Verbindung von Diesseits ins Jenseits gesehen wird, dann stellen sich mehrere Fragen. Einige mögen durch ihren Glauben der Überzeugung sein, dass ihnen die Brücke gebaut werde und sie nach dem Tode den Weg ins Jenseits antreten können. Wieder andere Verleugnen die andere Seite des Flusses und stehen stur im Diesseits. Weit verbreitet ist die Meinung, dass durch die Ansammlung moralisch guter Werke, die Brücke entstehe. Sei es im Christentum oder in den Religionen, welche Wiedergeburt und Karma lehren.

Beschreitet man die Brücke, kommend von Diesseits, so ist der Weg Erwartung, auf dass die andere Seite erreicht werden kann, auf dass die Brücke nicht ins Nichts führe.

Dass die Brücke allein durch den Wunsch und Willen entstehen könne ist jedoch eine seltene Überzeugung. Die Kräfte des Himmels und die des Jenseits beherrschen unsere Phantasie und ihre Übermächtigkeit wird uns durch den menschlichen Tod gnadenlos vor Augen geführt. In seinen tiefsten Inneren, in jenen Kern und Keim der Seele, welchen Gott innewohnt und beständig beschaut, spürt der Mensch die Gewalt der Ewigkeit. Der Mensch unterscheidet. Dies ist der Kern seines Wesens.

Und er spürt, dass sein Gott ihn erkennt und unterscheidet Die Unterscheidungen des Menschen haben ihren Platz im Diesseits, die Unterscheidungen Gottes wirken vom Hier und Jetzt bis ins Jenseits.

2 Der irreführende Begriff des Menschen

Die Menschen existieren grundsätzlich nur durch ihre Unterschiedenheit. In ihren Unterscheidungen in Völker und Kulturen existieren die Menschen. Eingebettet in einen uralten Entwicklungsprozess findet der Mensch seine Identität in seiner Heimat. Die einzigartige Weise der Ritualisierung des Lebens einer Kultur prägt die Identität. Es ist die Art und Weise der traditionellen Überlieferungen: Wie das Essen zubereitet wird. Welchen Stellenwert und welche Ritualisierung die Liebe erfährt. Im Ganzen betrachtet also das Fortführen der Sitten und Handlungsweisen eines jahrtausendealten Entwicklungsprozesses. Zu dieser Identität gehören auch die Religion des Volkes und der Ort, also das Gebiet oder Staat, welches das Volk besiedelt. Die Religion, also die Art und Weise der Betrachtung der letzten Dinge, ist der genetische Fingerabdruck, der uns in jeden Augenblick unseres Lebens, einer Zeitreise gleich, zu unseren Ahnen zurückführt.

Irreführend ist der Begriff Mensch

Irreführend ist die Begrifflichkeit des Menschen zudem, da in der westlichen Welt kein einheitliches Bild des Menschen existiert. Im wesentlichen gibt es drei Hauptströmungen:

Zum einen die christlich-jüdische Sichtweise, jene des von Gott erschaffenen Menschen, vom Paradies und Sündenfall.

Des weiteren die evolutionsbiologische Sichtweise, die der Darwinismus aufgezeichnet hat. In jener ist der Mensch nur eine Stufe der Evolution aus der Tierwelt heraus. Der Mensch zeichnet sich nur durch den Entwicklungsgrad seiner Fähigkeiten und Überlebenstechniken aus. Zuletzt tragen die antik-griechische Denker den Begriff des Logos, welchen den Mensch in die Sonderstellung eines Wesen mit Vernunft erhebt.

Diese drei Hauptsichtweisen sind untereinander unverträglich und widersprüchlich. Dennoch ist es meist eine Mischung dieser drei Gedankenwelten, welche die Bewohner der westlich-abendländischen Welt in sich tragen. Diese meist nur sublim wahrnehmbare Mischung ist geschichtlich gewachsen und sie führt uns deutlich vor Augen, dass es ein einheitlich-abendländisches Menschenbild nicht gibt. So dass mit absoluter Sicherheit proklamiert werden kann: „Es gibt ihn also nicht, den Menschen im Sinne aller All-Gleichheit, sondern nur in seiner höchst eigenen Identität, die sich selbst nach allen Seiten scharf zum nächsten abgrenzt."

3 Vom Willen und dem Kreislauf der Welt

3.1 Der Wille

Ein Wille ist klar erkennbar an Taten und Worten. Unterworfen wird der Wille des einzelnen jedoch von subtileren Einflüssen, die ihn bilden, nähren und ihm Ausdruck gewähren lassen. Diese Einflüsse sind vielfältiger Natur. Im Willen bildet sich der Spiegel zur Außenwelt. Er teilt durch sein Wirken mit. Wer er ist. Als Spielball von äußeren und inneren Einflüssen ist der Wille der Tat gleich zu setzen. Eine Stufe tiefer symbolisiert er nichts weiter als den Überlebenstrieb.

Im Willen formiert sich der Einfluss des jeweiligen Weltzeitalters. Wir werden zu einer Gesamtschau einer erlebten Zeitepoche.

Die Bildung des Willens ist ein kontinuierlicher Vorgang, dem im Regelfall eine an einen Handlungserfolg gebundene Tat folgt. Auf die Wendung oder Beibehaltung eines Zustands hat der Wille durch die hervorgebrachte Tat direkten Einfluss, wobei er stets ein Produkt von äußeren und inneren Einflüssen bleibt. Diese sind bewusster und unbewusster Natur. Das Gesetz der Wahrscheinlichkeit ist der Charakter der verschiedenen Einflüsse.

Da die Willensbildung und damit die Tat durch das Abwägen von Wahrscheinlichkeiten mehrerer Wahlmöglichkeiten geschieht, entspricht das Ergebnis der Tat nicht immer dem gewollten Ausgang. Deshalb gibt es als weitere Wahlmöglichkeit die Nicht-Tat, die dann gewählt wird, wenn durch eine Tat ein Misserfolg wahrscheinlich wird. Auf eine Zustandsänderung hat der Wille so nur einen indirekten Einfluss. In diesem Fall bleibt das Visier des nicht Handelnden geschlossen. Es findet keine Offenbarung des Willens statt.

Einflüsse auf den Entscheidungsprozess

Von höchst subtiler Art sind die vielfältigen Einflüsse auf die Willensbildung. Die Kombination dieser Einflüsse erzeugt Wahlmöglichkeiten. Die Erschaffung dieser Wahlmöglichkeiten im Geist ist Teil des Entscheidungsprozesses, also des Abwägens der Wahlmöglichkeiten im Zusammenspiel mit ihren Wahrscheinlichkeiten auf eine gewünschte Zustandsänderung.

Wahlmöglichkeiten und Wahrscheinlichkeiten während des Abwägens sind höchst eigene Schöpfungen des Geistes. Ihre Natur ist Subjektiv, bezogen nur auf die innere Welt.

3.2 Der natürliche Zyklus der Welt

Die Betrachtung der Welt liefert einfache, dennoch fundamentale Erkenntnisse. Als sterbliches Wesen wird der Mensch ein Teil der Natur und damit partizipiert er an einem dynamischen Zyklus. Vom lebenden Körper, seiner Schmerzfähigkeit, seiner Fortpflanzung, seiner Alterung und seines Todes wird der natürliche Zyklus bestimmt. Der Sinn des natürlichen Lebens ist freilich nichts weiter als das unendliche Fortführen des unendlichen Zyklus von Leben und Tod, also Teilnahme an dem Zyklus von der Geburt bis zum Tod. Als Teil dieses Zyklus ist der Mensch diesem nicht übergeordnet, sondern er muss in diesem Kreislauf leben. Eine Aufhebung des natürlichen Zyklus würde sein sofortiges Ende bedeuten. Die immerfort währenden Elemente der natürlichen Ordnung sind Einflüsse der Willensbildung, also die Schnittstelle von Innen- zu Außenwelt. Da der natürliche Zyklus immer alle Eigenschaften innehat und der Mensch nur bestimmte dieser Eigenschaften für den begrenzten Zeitraum von Geburt bis zum Tod, unterscheidet sich der einzelne Mensch durch sein Wesen an sich von natürlichen Zyklus. Der natürliche Zyklus ist für den Menschen gleichzeitig Alles und Nichts. Alles da er ohne ihn nicht existieren kann und sein Körper ein Teil des Zyklus ist. Nichts, da die Elemente des Zyklus unendlich sind und damit ein einzelner Mensch für den natürlichen Zyklus unbedeutend ist.

Er wird nur zur Gesamtmasse hinzugerechnet.

Der Wunsch nach der Erkenntnis außerhalb der physisch greifbaren Welt

Von sich aus gebiert der Mensch die Suche nach der Erkenntnis außerhalb der physisch greifbaren Welt. Die Suche nach der Erkenntnis einer höheren Ordnung entspringt dem Verlangen den natürlichen Zyklus zu verstehen, zu entrinnen oder ihn zu verändern. Die Suche nach der Erkenntnis einer höheren Ordnung ist ein Einflussfaktor der Willensbildung.

Die Suche nach der Erkenntnis einer höheren Ordnung und die Wesenseigenschaften des natürlichen Zyklus sind übergeordneten Haupteinflussgrößen der Willensbildung und damit auch Ursprung der Taten.

4 Von der höheren Ordnung des natürlichen Zyklus

Im natürlichen Zyklus findet sich die belebte und die unbelebte Natur und mit ihr die physikalischen Gesetzmäßigkeiten. Selbst die Denk- und Entscheidungsprozesse aller Lebewesen sind Teil des natürlichen Zyklus. Darunter fällt auch das „Abwägen von Wahlmöglichkeiten unterschiedlicher Wahrscheinlichkeiten", welches als Denken bezeichnet wird.

Durch die Beobachtung des natürlichen Zyklus werden Feststellungen getroffen. Vorrangig die der Beobachtung des Todes. Im Tode wird der Mensch offenbar von der belebten Welt getrennt. Das ist die Beobachtung, die Erfahrung, die Empirie. Das Denken das einst den Willen und die Taten des Körpers hervorgebracht hat ist nun zusammen mit dem Körper gestorben. Da der Mensch Teil des natürlichen Zyklus ist werden alle Menschen sterben. Somit bleibt der Mensch als Eigenschaft des natürlichen Zyklus immer Teil der Welt, doch der einzelne vergeht.

Im Kontakt der Menschen unter sich bilden sich Strukturen. In Verbänden sind es Rangstrukturen. Anführer werden die Begabtesten, damit sind jene gemeint, die besonders schnell Denken und Handeln können. Doch auch diese sterben. Jene Anführer symbolisieren eine Ordnung, mithin steuern sie

Verteilungsprozesse oder üben Ordnungsgewalt aus. Sie genießen die höchste Verehrung ihrer Untergebenen. Im Tod werden sie wieder Teil des natürlichen Zyklus, so dass die Ordnung aus dem Zyklus selbst hervorgeht, da dieser immer wieder solche Menschen hervorbringt.

4.1 Die göttliche Eigenschaft

Mit dem Wort Göttlichkeit wird vor allem die Annahme der Unsterblichkeit verbunden. Wenn dem so sei, dann ist der natürliche Zyklus göttlich. Dies manifestiert sich in der Anbetung von Eigenschaften des Zyklus. Die Sonne als Spender des Lichts und des Wachstums, die Erde, um dessen sie fruchtbar sei, seien als Beispiele genannt. Hier werden Eigenschaften des Zyklus verehrt, die unendlich, also unsterblich und damit göttlich sind. Etwa einen Menschen als göttlich zu verehren widerspricht der oben genannten Prämisse, da dieser sterblich ist und damit Teil einer Eigenschaft des Zyklus, aber keine Eigenschaft an sich ist. Jedenfalls nicht als einzelner.

In der Folge sind alle Eigenschaften des natürlichen Zyklus göttlicher Natur, da sie immer währender Natur sind.

4.2 Von der Göttlichkeit eines Wesens

Aus allen Menschen als Einheit geht eine unendliche Eigenschaft des Zyklus hervor. Mithin sind die Menschen in ihrer Gesamtheit göttlich, jedoch nicht als einzelner.

Eine Eigenschaft des natürlichen Zyklus, die bestimmt ist eine Ordnung in die Eigenschaft der Menschen und unter Umständen in alle Lebewesen und in die unbelebte Natur zu bringen, wäre göttlich. Wäre es ein unsterbliches Wesen, dann wäre es ein Gott. Wären es mehrere, dann wären es Götter. Hätte dieses Wesen den natürlichen Zyklus erschaffen, dann wäre es ein Schöpfergott, bzw. Schöpfergötter. Das Präfix „Schöpfer" steht hier für das nicht zu dem natürlichen Zyklus als unendliche Eigenschaft gehörend, da es als Urheber des natürlichen Zyklus gesehen wird.

4.3 Aus den Toten entstanden die ersten Götter

Menschen, die großen Einfluss zu Lebzeiten ausübten, wurden nach ihrem Tode als Götter verehrt. Dies ist ihrer Ordnung schaffenden Macht geschuldet. Zum Beispiel wurde Herakles in den griechischen Pantheon aufgenommen. Ihr Denken ist Teil einer Eigenschaft des Zyklus und nach dem Tode wärt dieses Ordnung stiftende Denken wieder in der Unsterblichkeit. Hier vereint sich der besondere Mensch mit der Eigenschaft des natürlichen Zyklus, dem ewig gültigen Gesetz. Als Beispiel für solch göttliche Verehrung seien die Pharaonen der Ägypter genannt, oder die Herrscher der alten Kulturen, Hohepriester und König in sich vereinigten.

Diese Vereinigung ist nichts weiter als das Symbol für den Dualismus von Himmel und Erde. Von Geist und Fleisch. Von der Polarität an sich. Von Sterblichkeit und Unsterblichkeit und von der unsichtbaren Kraft, die diese Polarität erzeugt.

5 Der Einfluss der Wahrscheinlichkeiten

Im Willensbildungsprozess spielen Wahrscheinlichkeiten eine Rolle. Die Einschätzung von Wahrscheinlichkeiten folgt den Erfahrungen der unmittelbaren Beobachtungen der Welt. Jedoch schwanken diese Wahrscheinlichkeiten, sie sind nicht fassbar, sie verhalten sich chaotisch. Somit entziehen sie sich der Bestimmtheit. Und der Mensch ist gezwungen diesen Aspekt zu verarbeiten. Manchmal wird er Schicksal oder Glück genannt. Doch das Chaos der Wahrscheinlichkeiten, welches bis heute in der Unschärferelation erhalten bleibt, ist auch eine Eigenschaft des natürlichen Zyklus. Also sind Wahrscheinlichkeiten, ist das Chaos in seiner Unendlichkeit ebenfalls göttlich.

Wäre das Chaos ein unsterbliches Wesen, dann wäre es ein Gott. Wären es mehrere, dann wären es Götter. Hätte dieses Wesen den natürlichen Zyklus erschaffen, dann wäre es ein Schöpfergott, bzw. wären es Schöpfergötter.

6 Welche Götter wählt der Mensch

Wir sehen, dass der Mensch in erster Linie die Eigenschaften des natürlichen Zyklus vergöttlicht, die die zentralen Elemente seiner Willensbildung darstellen, nämlich die Wahlmöglichkeiten (die Auswahl von Ordnungen oder deren Unterordnungen) und die Wahrscheinlichkeiten also der Einfluss des Chaos. Diese Eigenschaften des natürlichen Zyklus sind dem Menschen ständig präsent. Es findet hier keine Einstufung oder Wertung statt. Eine Wahrscheinlichkeit, die als niedrig eingestuft wurde, kann sich urplötzlich als vorteilhaft erweisen. Dass der Ordnung personifizierte Gottheiten - und dem Chaos in der Regel nur die völlig UN-Wesenhafte Gestalt als Schicksal oder Zufall zukommt, geht aus dem Wunsch hervor, sicher handeln zu können, was vom Zufall heimtückisch verhindert werden kann. Es sei an die römische Gottheit Fortuna erinnert, sie symbolisierte das Schicksal, ein oberster Gott war sie jedoch nicht. Zudem erfährt der Wille durch die Tat eine Eindeutigkeit, die nicht dem Chaos zugeschrieben wird. In der gewollten Tat offenbart sich der Mensch und im Vollbrachten wird der Einfluss des Zufalls ausgeklammert. Eine nicht-gewollte Tat ist immer eine Unterlassung.

Der Mensch als temporäre Eigenschaft des natürlichen Zyklus

In der Antike erschuf sich der Mensch die ersten Götter und gaben ihnen den Stempel seines Willensbildes. In Griechenland orientierte sich die Götterwelt an denen der Lebenden, doch die Götter waren unsterblich. Die Götter waren somit personifizierte Eigenschaften des natürlichen Zyklus. Zum Beispiel von Ernte, Fischerei, Sonne und Wind, aber auch den menschlichen Affekten Treue, Liebe und Hass. An dieser Stelle ist festzuhalten, dass die Eigenschaften des natürlichen Zyklus menschliches Antlitz erhielten. Obgleich etwa in der griechischen Schöpfungsmythologie die ersten Götter noch abstrakte Gebilde der Natur waren, wie etwa Gaea – die Erde und Uranus – der Himmel.

Dies entsprang dem Wunsch der Menschen einen Anteil an dem immerfort während Zyklus zu erhalten. Unsterbliche Götter, die sich aber in ihren Verhaltensweisen der Menschenwelt entlehnten, geboten über die Kräfte des natürlichen Zyklus. Wenn Poseidon das aufgewühlte Meer zu Ruhe brachte, so stellen sich die Menschen vor, dass dieser Gott wie einer der ihren ist, also eine innere Welt hat.

Der Betrachtung des Universum und des Leben auf Erden führte in dieser Zeit die ersten Denker zu der Erkenntnis über deren Unendlichkeit. Gab es andere Sterne auf denen Leben existiert? Kann der Mensch aussterben, also den natürlichen Zyklus verlassen? Gibt es dann einen Nachfolger oder erneuert sich die Natur unentwegt immer weiter fort und verändert dabei ihre Eigenschaften? Dann wäre der Mensch nur eine zeitliche begrenzte Eigenschaft des natürlichen Zyklus und hätte aus Mangel an Unendlichkeit keine göttlichen Eigenschaft in seiner Gesamtheit. Er würde in die nebelige Zone des Chaos verschoben, ohne jede ewige Ordnung, irgendwann einmal – verschwunden für immer.

In der griechischen Götterwelt – in anderen Kulturen sieht es ähnlich aus – handelten die Götter nicht absolut. Der Wille der Götter - also der Wille einer ewig gültigen Ordnung - hatte zwar auch Wahlmöglichkeiten, doch die Göttlichkeit führt den Gott stets zur richtigen Wahl in seiner Ordnung. Voller Blitze zuckt der Himmel ob der von Zeus geschleuderten tödlichen Pfeile. Doch sie verfehlen ihr Ziel, der Zufall beeinflusst das Gelingen der Handlung und zwar auch die der Götter. Sie konnten – wie Menschen – auch Unglücke erfahren und bei ihren Taten versagen.

Diese Tatsache macht diese Götter zu einer Eigenschaft des natürlichen Zyklus, denn wäre ihr Handeln vom Zufall nicht beeinflusst, dann wären sie allmächtig.

7 Die Entstehung des Schöpfergottes

Der Gedanke an das Eingehen in eine Nachwelt – in ein Leben nach dem Tode – ist verbunden mit der Grundvorstellung der Unendlichkeit dieses Zustandes. Wenn der Mensch aus dem natürlichen Zyklus verschwindet, dann ist er keine Eigenschaft des natürlichen Zyklus mehr. Er würde von der Zeit überrollt und verschwindet in das Nichts. Das Nichts ist das gleiche wie der natürliche Zyklus. Da der natürliche Zyklus alle Eigenschaft des Universums zur gleichen Zeit besitzt, hat er zur selben Zeit gar keine Eigenschaften. Ist der Mensch als Erscheinung im natürlichen Zyklus ausdifferenziert, dann ist er, solange diese Unterscheidung besteht, in seiner Gesamtheit eine Eigenschaft des natürlichen Zyklus. Im Tode wird der einzelne Mensch wieder mit der Gesamtheit Mensch als Eigenschaft vereint. Doch wenn die Eigenschaft Mensch verschwindet, dann bleibt nur das Nichts übrig.

In diesen Überlegungen liegt die Geburtsstunde des Schöpfergottes, der außerhalb des natürlichen Zyklus steht. Da diese Vorstellung eine menschliche ist, werden dem Schöpfergott die Facetten der menschlichen Willensbildung übertragen. Der Schöpfergott steht zudem alleine, da er als Urheber aller natürlichen Zyklen alle Eigenschaften dieser gebiert und sie zur gleichen Zeit auf sich vereint, verändert und entstehen lässt. Außerhalb stehend ist er nicht dem Zufall oder Chaos unterworfen. Somit sind die Taten eines Schöpfergottes stets absolut. *Somit ist eine singuläre Vorstellung ausreichend.* Da er den Ursprung aller Ordnung und Unordnung darstellt ist seine Willensbildung wie eine Linie unverzweigt und wird stets verwirklicht. Dieser Gott symbolisiert die Wahlmöglichkeit an sich. *Er ist die wirkende Kraft.*

Der Schöpfergott ist die Brücke des Menschen aus dem natürlichen Zyklus in eine wahre Unendlichkeit, die ewig gültig und nicht zeitlich begrenzt ist, da sie über dem natürlichen Zyklus steht. Durch ihn verlässt der Mensch sein Dasein als Eigenschaft des natürlichen Zyklus, welcher gleichsam das Nichts darstellt. Dass dem Menschen dies als einzelner auch möglich sein solle, revolutioniert die Weltsicht grundlegend. Allenfalls in seiner Gesamtheit war der Mensch göttlich. Jetzt tritt er einzeln vor einen Gott, der über allem steht. Welch glanzvolle, prächtige Brücke aus dem Nichts in die Welt der ewigen Eindeutigkeit eines wahren Schöpfergottes! Es gilt das Postulat der menschlichen Furcht vor dem Nichts, also dem Wiedereingehen in den natürlichen Zyklus. Grundsätzlich bedeutet dies, dass der Grundzug des Menschen die Unterschiedenheit ist, da er selbst unterscheidet. Im Nichts kommt die Unterschiedenheit des Einzelnen zum Gesamten, dort wo es keine Unterscheidung mehr gibt, also das Nichts ist. Das

Nichts ist dem Menschen also wesensfremd, deshalb fürchtet er sich davor. Der Befreiungsschlag ist die Erkenntnis der Seele. In ihr wird eine fein-sinnigere, höhere Verbindung geschaffen.

7.1 Die Seele als Willensakt des Schöpfergottes

In den Erzählungen der Bibel - als Beispiel für eine Religion mit Schöpfergott - wird dem Menschen das Leben nicht wie in den Naturreligionen, aus dem natürlichen Zyklus heraus gegeben , sondern es wird dem einzelnen Auserwählten direkt von dem Schöpfergott eingehaucht. Der Mensch an sich ist die Tat eines Gottes, sein Willensakt. Der Willensakt des Schöpfergottes enthebt den Auserwählten der natürlichen Ordnung in dem Sinne, dass seine Seele, welche aus dem Willensakt des Schöpfergottes direkt hervorgeht, für jeden einzelnen unsterblich ist. Somit spaltet sich der Mensch in sterblichen Körper und unsterbliche Seele erst durch das Eingreifen des Schöpfergottes. Da der Auserwählte nun eine mögliche Verbindung zur Schöpferseite hat, wird er in dieser selbst anteilig an der Unendlichkeit. Die Seele ist wie eine unvollendete Brücke. Das Grundgerüst steht, es fehlen jedoch die Verbindungsstücke zum natürlichen Zyklus und zu dem Schöpfergott.

19

Viele Religionen wie Judentum oder Christentum ranken und unterscheiden sich in der Frage wie diese Verbindungsstücke zu errichten sind.

7.2 Eine Einheit von Seele und Willensbildung

Von entscheidender Wichtigkeit ist die Abgrenzung der Seele von der Willensbildung. Das Wesen der Seele liegt auf der Wirkebene des Schöpfergottes. Freilich liegt die Seele in der Innenwelt des Menschen, doch als gangbare Brücke reicht sie in eine andere Welt hinein. Diese Vollendung erreicht die Seele nur durch den Akt der Gnade des Schöpfergottes zu Lebzeiten oder nach dem Tode. Die zur Ewigkeit gewordene Unterscheidung der Einzigartigkeit eines lebenden Seeligen reflektiert das unendliche Licht des Seins und die unendlichen Schatten des Nicht-Seins in einer zeitlosen Momentaufnahme.

7.3 Der Schöpfergott – das scheidende Prinzip

Der Schöpfergott ist das scheidende Prinzip, welches unterscheidende Eigenschaften verleiht. Neutron-zu Antineutron, Materie zu Antimaterie, Elektron zu Positron, Welt und Nicht-Welt. Er ist die Kraft welche die All-Eigenschaft des Nichts in Antipole scheiden kann und auf diese Art und Weise die Eigenschaften des natürlichen Zyklus formt. Er ist die Physik, das wirkende Prinzip, aber nicht die Materie. Beispielsweise ist der Welle-Teilchen Dualismus durch dieses Wirkprinzip entstanden.

Besteht ein Dualismus von scheidenden bzw. wirkenden Prinzip und Materie? Ist die Dualität aller Objekte der Grundbaustein des Universums? Das Nichts muss sich spalten und unterscheiden, sonst bleibt es ein Nichts. Aus Sicht eines Menschen ist die Anbetung des scheidenden Prinzips verständlich, da ihn dieses durch den Anstoß der Polarität aus der Materie, die noch ohne Eigenschaften ist, entstehen lässt. Der Mensch repräsentiert das Unterscheidende an sich, somit ist ihm die scheidende Wirkung der oberste Gott, ist ihm Schöpfergott, auf höherer Stufe wesensgleich. Im Menschen wird der natürliche Zyklus durch die Verwundbarkeit und Sterblichkeit des Leibes sichtbar. Somit ist die Seele der Anteil an seiner Gesamtexistenz, der das scheidende Prinzip symbolisiert, während der Körper dem natürlichen Zyklus zuzurechnen ist. Das scheidende Prinzip mit Zügen des menschlichen Willensbildungsprozess zu konstruieren ist allzu menschlich, doch es ist nur ein Bild, eine Verschiebung, die den Wesenskern nicht ändert.

7.4   Brücken ins Nichts

Immer dann, wenn ein Schöpfergott in direkten Kontakt mit einen auserwählten Menschen tritt, besteht für die Zeitdauer der Begegnung bzw. der Offenbarung eine Verbindung in die Welt jenseits des natürlichen Zyklus. Der Mensch erfährt das Übernatürliche, es ist der Brückenschlag. Vergleichbar dem Überschlag einer Funkenstrecke.

Erlebt ein Mensch diesen Brückenschlag nicht und geht dennoch Weg des Glaubens, so wird das Verbindungsstück zum Ende der Brücke unbestimmt bleiben bis zum Tode, gleichwohl ein Versprechen von Sterblichen, die selbst gläubig sind. Nebenbei ist dies die Ursache für glaubensbedingte Selbstmorde. Je nach Religion wird erhofft, durch ein maximales Opfer das letzte Verbindungsstück zu erhalten. Es bleibt jedoch bei den Versprechen von Sterblichen, unbewiesen.

Wird das Ende der Brücke erreicht und fehlt das letzte Stück, dann befindet der Mensch sich auf einer Brücke ins Nichts, also in den natürlichen Zyklus zurück, um dort wieder Teil einer der Eigenschaften dessen zu werden.

Zusammengefasst gibt es folglich drei Möglichkeiten, die der menschlichen Seele widerfahren können.

Das erste Verbindungsstück der Seele auf die Brücke wird nicht erkannt. Folge: Brücke ins Nichts, also in den natürlichen Zyklus zurück.

Das erste Verbindungsstück auf die Brücke wird erkannt. Es kommt zu keinem Brückenschlag und der Mensch folgt einem Glauben → Entscheidung des Schöpfergottes erst nach dem Tod. Bis zum letzten Augenblick ist nicht bekannt, wohin die Brücke führt. Es gibt nur Hoffnung und Glauben, u.U. auch den Glauben an Menschen, die ihre Brückenschlagerlebnisse offenbart und weitergegeben haben, die also Propheten des Schöpfergottes sind. Schlimmstenfalls führt der Weg in das Nichts des natürlichen Zyklus zurück.

Brückenschlag: Hier steht der Einzelne für sich in einem Verhältnis zu einem Schöpfergott. Die Offenbarung ist stets eine Gnade, welche vom Schöpfergott ausgeht. Der Schöpfergott ist als scheidend-wirkende Kraft die Offenbarung des Wesenskern des Menschen in seiner ewig währenden Gestalt. Der Eintritt in die Sphäre des Schöpfergottes löscht die Metaphysik des einzelnen aus und zeugt den erlösten Zustand. Die Seele ist nun kein unfertiges Konstrukt mehr, sondern die gangbare Brücke zu dem Schöpfergott. Der natürliche Zyklus hat denn all seine Schatten verloren, seine Bedeutungslosigkeit ist gleichzeitig seine versiegende Kraft der Ausstrahlung. Die Furcht vor der Ununterscheidung, welche die Seele hervorbrachte steht in diesem Zustand der Triumph über das Nichts entgegen.

Der Triumph der Gnade des Schöpfergottes im Spiegel der menschlichen Seele ist das immer-während-Sein als einzelner in ewiger Unterschiedlichkeit zum Nichts.

Das ewig scheidend-wirkende Wesen des Schöpfergottes vereint sich mit dem zeitlich begrenzten Unterscheiden des Sterblichen zu einer Einheit. Manche nennen diesen Zustand das Paradies, denn im Paradies lebte der unterscheidende Mensch als Mann oder Frau ewig.

7.5 Gottesoffenbarung

Die Seele ist eine Brücke. Diese Brücke kann einen einzelnen Menschen zu einem Schöpfergott führen. Da die Seele dem Willensakt eines Schöpfergottes entsprungen ist, steht sie a priori außerhalb des natürlichen Zyklus. Der Aufbau der vollständigen Brücke ist immer ein Zeichen der Gnade. Da das Grundwesen des Menschen die Unterschiedlichkeit ist, so ist sein Schöpfergott die Wirkung auf die Materie des natürlichen Zyklus sich zu unterscheiden. So wie der Mensch die endliche Kraft der Unterscheidung auf temporäre Materie innehat, so entfaltet sein Schöpfergott die zeitlich unendliche Kraft der Unterscheidung aller Materie. Das göttliche Moment liegt in der Spaltung der Materie in Pole begründet. Das menschliche Moment liegt in der Unterscheidung der Pole.

Viele sind gerufen, doch wenige sind auserwählt.
(Mt.22,14)

Vom Schöpfergott Auserwählte und Teilhaftige der
göttlichen Gnade unterscheiden sich in Bezug auf ihre
Seele substanziell von den nicht Erwählten. Es ändert
sich die innere Weltenzugehörigkeit. Es verschwindet
die Vergleichbarkeit mit allen anderen Seelen, denen
noch keine Brücke eigen ist. Denn die auserwählte
Seele bildet die unendliche Unterschiedenheit der
menschlichen Seele ab. Die vom Schöpfergott
auserwählte Seele scheidet sich von der Sterblichkeit
der vielen der Gnade unteilhaftigen Seelen ab, deshalb
verschwindet die Vergleichbarkeit, Gottes Gnade
enthebt ihn und von nun ab ist er *nicht mehr von dieser
Welt*, doch immer noch verweilt sein Körper im
Diesseits.

Der Mensch ist eine temporäre Eigenschaft des
natürlichen Zyklus. Nach der Gottesschau ist er zwar
immer noch ein Mensch, da er als lebend Erlöster noch
einen Körper besitzt und so Teil des natürlichen Zyklus
bis zu seinem Tode bleibt. Doch die Eigenschaft des
Schöpfergottes die Eigenschaft des Unterscheidens in
Ewigkeit zu besitzen, das Erkennen der
Wesensgleichheit zu Gott, erhebt den Menschen aus
seiner Diesseitigkeit auf eine höhere Stufe. Es ist der
Selige.

8 Massenphänomene

In der Masse wird der Einzelne im Vergleich zum Gesamten immer unsichtbarer. Hier liegt der Widerspruch begründet. Da der einzelne Mensch für sich keine Eigenschaft des natürlichen Zyklus ist, aber in seiner Gesamtheit es aber ist, so ist er als einzelner maximal unterschieden. In der Gesamtheit ist der Mensch maximal ununterschieden. In dieser Gesamtheit ist der Sinn des Lebens der Selbstzweck des Zyklus. Also Sein und Nicht-Sein und Unterschiedenheit und Ununterschiedenheit in einer gemeinsamen Form. Die Gesamtheit hat keine Seele, da sie alles und gleichzeitig nichts ist.

Die Seele aber ist ein Willensakt des Schöpfergottes. Deshalb ist die Seele eine unterscheidende Eigenschaft. Somit gehört die Seele aufgrund ihrer Wesensart nicht zum natürlichen Zyklus, da dieser unterschieden und ununterschieden zur gleichen Zeit ist. Sie ist ein Fremdelement, geboren in der Innenwelt des Menschen durch den Willen des Schöpfergottes. Da die Seele in der Innenwelt der Menschen entsteht, bleibt sie zwar stets ein Fremdkörper, doch sie wechselwirkt nicht mit dem natürlichen Zyklus.

Die Erscheinung der Außenwelt gleicht sich mit steigender Anzahl an Menschen an dessen Gesamtheit an. Deshalb verschwimmen die Strukturen der Unterschiedenheit. Dies ist ein Hauptmerkmal von

Massengesellschaften. Massenstrukturen betonen den nihilistischen Charakter der jeweiligen Eigenschaft des natürlichen Zyklus.

Da die Massengesellschaft einen starken nihilistischen Charakter besitzt, sind in einer solchen die überwiegende Anzahl der Menschen defizitär in der Erkenntnis ihrer Seele. Denn die Einflussgröße des Überlebenstriebs als Mindesteinflussgröße auf den Willen, ist hier stark ausgeprägt. Das heißt die meisten Menschen werden nihilistisch, also wieder dem natürlichen Zyklus einverleibt. Da es jedoch immer auch die beiden anderen Gruppen von Menschen gibt, also die ihre Seele erkannt haben, so ist eine Massenstruktur ohne Bezug zu einem Schöpfergott niemals auf Dauer haltbar.

Jedenfalls werden sich die beiden letztgenannten Gruppen aus dem Konstrukt abspalten, sobald wenigstens das Überleben sicher erscheint oder sogar trotz allem. Was wiederum die Frage aufwirft: Was geschieht mit dem Konstrukt ohne Menschen mit Erkenntnis der Seele? Die Antwort ist: Die Struktur wird sukzessive ununterschiedener in Summe, gleicht sich also der Gesamtheit der menschlichen Eigenschaft des natürlichen Zyklus an. Allerdings ohne die partikulare Eigenschaft des Menschen, nämlich der Furcht vor der Ununterschiedenheit. Somit wird eine solches Massenkonstrukt un-menschlich, im Sinne dessen das eine besondere Eigenschaft des Menschen fehlt. Das Konstrukt wird von innen un-menschlich, da die Seele sich im Inneren befindet.

Hier finden sich Schöpfergott-negierende Vorzeigekonstrukte wie Konsumgesellschaften, Kommunismus, Sozialismus, Totalitarismus und Diktaturen, bis hin zu den postdemokratischen Strukturen der Neuzeit, also dem Gesinnungs- und Konzernfeudalismus. Es handelt sich dabei stets um künstlich geschaffene Konstrukte, z.B. EU Präambel ohne Verankerung eines Schöpfergottes, denn in natürlich gewachsenen Strukturen wie Subsistenzwirtschaft, Nationen, Clan und Familiensippen gibt es keinen verankerten Ausschluss eines Schöpfergottes, derartiges würde dort als widernatürlich angesehen. Es sind stets Menschen ohne Erkenntnis ihrer Seele, die Massenstrukturen gründen und in diesen leben wollen – also unvollständige Menschen – da ihnen die Furcht vor der Ununterschiedenheit noch unerkannt ist. Merke: Ein einzelner Mensch mag seine Seele nicht erkennen. Doch tut dies eine Gesamtheit von Menschen nicht, dann ist diese nicht überlebensfähig bzw. existiert gar nicht, weil sie zu unwahrscheinlich ist.

Deshalb sind die oben genannten Strukturen permanent einem Verfallsprozess oder besser einem Sezessionsprozess ausgesetzt, solange diese Strukturen Menschen mit Erkenntnis ihrer Seele ausschließen. Mithin ist der nihilistischen Vergesellschaftung von

Menschen eine zeitliche Grenze gesetzt. Warum sie trotzdem entsteht mag im Neid zu suchen sein. Ein Mensch, der einen Brückenschlag erlebt hat, mag sich grundlegend verändert haben, da er sich in irgendeiner Form außerhalb des Zyklus bewegt hat. Insofern trifft den anderen unterscheidenden Menschen zumindest diese Tatsache schwer, da nun ein maximaler Unterschied ausgelotet werden kann. Um dies im Sinne des Zyklus auszugleichen muss dieser Unterschied ausgeschlossen oder nivelliert werden und dazu dient ein Massenkonstrukt.

8.1 *Zur Nation*

Die Nation ist eine Ansammlung von Menschen, die unter einer Ordnung im gegenseitigen Austausch mit dem natürlichen Zyklus zusammenleben. Sie ist ein höherer Ausdruck der Unterschiedenheit als der einzelne Mensch es ist, da die Nation eine Summe von menschlichen Eigenschaften zusammenfasst, durch die sie sich von einer anderen Nation abgrenzt. Zum Beispiel: natürliche Siedlungsgrenzen (Berge, Flüsse, Ozean, Insellage), die Sprache, die innerhalb der nationalen Ordnung vorherrschende Religion - also die Ortung der Seele und damit die traditionellen Bräuche. Die Abgrenzung zu anderen Nationen ergibt sich in erster Linie aus den Unterschied wie die überwiegende Mehrzahl ihre Seele erkennt – also aus ihrer Religion - und legt damit den Grad der Unterschiedenheit zu anderen Nationen fest. Diese Religion, dem Wortursprung nach die *religio*, stellt die Rückverbundenheit zu den ersten und letzten Dingen dar und ist damit das schwelende Potential des Brückenschlags und der Auswahl Gottes. Das Spannungspotential der religio wird durch die Gründungsmythen der Völker und Nationen festgelegt. Es wirkt als Bindeglied der Menschen in den einzelnen Völkern.

Kennzeichnend und unterscheidend ist der Wirkungskreis, welchen die Gründungsmythen umspannen. Denn die Rückverbindung zu den letzten und höchsten Dingen ist stets auf die Mitglieder des jeweiligen Volkes bestimmt. Somit ist festzuhalten, dass die Völker ein in sich geschlossenes Ganzes bilden, welches sich zu den anderen Völker abgrenzt. Diese Grenze ist in höchsten Maße eine metaphysische Grenze. Der Verteidigungskampf eines Volkes wird von Kämpfern ausgeführt, welche Teil dieser metaphysischen Ebene sind. Wahres Soldatentum gewinnt seine Kraft aus der metaphysischen Ebene.

Die Herrscher und das Königtum

Die Losung der alten nordischen Völker war: „Wer unser Führer ist, der ist auch unsere Brücke". Im römischen Reich war der Pontifex, der *Brückenbauer*, mit dem König identisch. Dieser Pontifex galt dem Volk als Mittler zwischen Diesseits und Jenseits, zwischen natürlichen Zyklus und der jenseitigen Welt der Götter. Er stand mit den Göttern in direkter Verbindung. Sie bildeten ein Ordnungsgefüge in der diesseitigen Welt und strahlten eine spirituelle Kraft aus. Dem klassischen Herrschertum fehlt völlig – im Vergleich zur Neuzeit – die rein weltliche, politische Ausrichtung der Herrschaft. Hier findet sich das Gottesgnadentum wieder. Der Gedanke, dass die Herrschaft und die Macht von dem Wohlwollen oder den Gutdünken der Beherrschten abhing, war der traditionellen Welt völlig fremd.

Als oberster Priester standen dem König die Durchführung der Riten und der Opfergaben zu. Als oberster Brückenbauer stand er dem Hohlpriesterkollegium, dem Klerus, vor. Von dem erfolgreichen Durchführen der Riten hing das Wohl und Wehe der Untertanen ab. Eine gestörte Opferhandlung oder ein verfälschter Ritus würde die Götter erzürnen. Hier zeigt sich das in den Opfern innewohnende heroische Element. Einer hält das Schicksal von vielen in seinen Händen.

Durch wiederkehrenden sakralen Handlungen hielt der Priesterkönig die symbolische Kraft des Unbesiegten aufrecht. Diese Kraft entlud sich auf seine Untertanen und stärkte deren metaphysische Kraft und den Glauben an Ritus und Kultur.

Somit ist die Herrschaft der alten Priesterkönige zugleich eine weltliche und eine über weltliche.

Die Gesetze der alten Reiche

Durch die Einheit von König und Priester ergibt es sich nun, dass den erhobenen Gesetzen göttlicher Charakter zugeschrieben wurde. Gesetzen, die aus dem Kollektiv entstanden sind, oder anderweitig ausschließlichen irdischen Ursprungs waren, wurden als absurd angesehen. Brüche gegen göttliches Gesetz sind nicht nur ein Fehlverhalten der Allgemeinheit gegenüber, sie sind auch ein Sakrileg, eine Beleidigung Gottes.

Die beiden Pole Priesterkönig und Volk

Priesterkönig und Volk verhalten sich zueinander wie Himmel-Vater und Erde-Mutter, wie Idee und Form. Sie bedürfen des gegenseitigen Zusammenspiels zu ihrer Vervollkommnung und Erlösung. Der blutige Mord des Priesterkönigs und das Einsetzen des Volkes als Herrscher und Gott ist ein Charakteristikum der Moderne. Aus der Sicht des ganzheitlichen Menschen ein Rückschritt.

8.2   Zur Demokratie

Die Herrschaft über eine quantisierbare Menge an Menschen findet über die Einflussnahme auf den Geist statt, da auf diese Art Mehrheiten gebildet werden können. Somit haben im Besonderen in der Demokratie diejenigen die Macht, welche festlegen welche Gedanken richtig und welche zu verwerfen sind, bzw. welche Argumentationsketten nicht gedacht werden dürfen und bei deren Aufkeimen im Geiste diese freiwillig von einer inneren Polizei sofort verworfen werden.

Es ist für diejenigen, die die Herrschaft in einer Demokratie ausüben, sehr wichtig zu erreichen, dass die überwiegende Mehrheit dies nicht realisiert und die Gedanken der Herrschaft ausübenden nicht hinterfragt oder bestenfalls als die eigenen Gedanken auslegt. In diesem Zusammenhang ist wichtig, dass die überwiegende Anzahl der zu beherrschenden Menschen antizipiert, dass es eine Meinungsvielfalt gibt. Es kommt im Ganzen darauf an, dass der Gedankenkörper heil bleibt.

Die große Ausnahmeerscheinung in einer Demokratie ist die Existenz einzelner Abweichler, die geduldet werden. Auf den ersten Blick gleicht dieses Faktum einem Spiel mit dem Feuer, doch wenn die Beherrscher die Einflussnahme auf die überwiegende Mehrheit im Griff haben, dann ergibt sich der Gewinn. Exemplarisch gibt es also Abweichler, welche frei ihre Meinung äußern, doch der Trick besteht darin, dass diese Ideen voller Versuchung und Freiheit a priori bei der Mehrheit auf Ablehnung stoßen werden. Ganz im Sinne eines Aphorismus von Nicolas Gomez Davila „Da der geistige Apparat für Ideen ausschließlich auf einer

Frequenz empfänglich ist, die von den modernen Dogmen autorisiert wurde, haben die pfiffigen Demokraten erkannt, wie überflüssig Zensur ist."

Das An-die-Kette legen der Mehrheit ist ein vielschichtiger Vorgang. Durch die Unberechenbarkeit des Geistes gibt es keine Garantie, dass der vorgegebene Gedankenrahmen von jedem einzelnen niemals durchbrochen wird. Wenn die Wahrnehmung der Realität und der oktroyierte Gedankenrahmen das Gleichgewicht verlieren und der einzelne eine Wahrheit dennoch erkennt, dann müssen weitere Hebel greifen. Das Herrschaftssystem hat auch immer am sichersten die Kohorten im Griff deren vollständige Lebenszeit und damit auch Schul- und Universitätszeit vollständig unter unter das Herrschaftssystem fallen. Es gibt auch Störfeuer von Alten, welche unter vorhergehenden Ordnungen gelebt haben oder von Ausländern, die die Prägung ihres Herrschaftssystem herein tragen.

Der Überbegriff der mächtigsten Waffe heißt Angst. Und zwar die Angst von dem Ausschluss aus der Mehrheit. Dieser Ausschluss kann verschiedene Stärken annehmen. Von „Diesen da meidet man", weiter über den Verlust des Arbeitsplatzes bis zur System gewollten Brandstiftung des eigenen Hauses ist in der Demokratie alles möglich. Die Schwere der Abweichung allein entscheidet nicht über die Höhe des Strafmaßes. Entscheidend ist die Potenz des Übergreifens herrschaftskritischer oder umstürzlerischer Tendenzen auf die überwiegende Mehrheit der Beherrschten. Die Demokratie als Vorzeigekind des jetzigen Europa ist gezwungen dabei besonders subtil vorzugehen, damit die Eigendefinition nicht beschädigt wird (Quelle unbekannt: „Der Demokrat tötet nur, weil seine Feinde ihn dazu zwingen").

Angst als Übergriff für das Existentielle, die Angst vor dem Tode. Doch wer die Kontrolle über die Ängste der Beherrschten hat, jener gewinnt genauso leicht die Oberhand über alle weiteren Affekte.

Die Steuerungsmöglichkeit über die Affekte wird erreicht, weil der Zusammenhang zwischen göttlicher und weltlicher Ordnung im 21. Jahrhundert weitestgehend zerstört worden ist.

Zielbestimmung der herrschenden Kaste

In der Demokratie ist das Ziel ein herzzerreißendes Theaterstück vorzuspielen, bei denen alle denken es gehe um den großen falschen Gott der Demokratie (den „Menschen"). Dabei allerdings niemand merkt, dass es ausschließlich um den Eintrittspreis ging.

Machterhalt steht an erster Stelle. In der Aura der Macht wird spürbar, dass das Geld eher die Macht des beherrschten Bürgers ist. Welcher Bundeskanzler, welcher Abgeordnete führt seinen Geldbeutel mit sich und bezahlt Hotelkosten, Fahrtkosten, Restaurantbesuche selbst?

Die Macht der Herrscher ist der Einfluss und die gezielte Steuerung der Affekte der Bürger bei kontinuierlicher Einhämmerung der zulässigen Gedankenstrukturen. Somit ist der größte Feind der Demokratie ein außer Kontrolle geratener Affekt, der so groß sein müsste, dass die Mehrzahl der Beherrschten dafür zu sterben bereit wäre.

Anzumerken ist weiterhin, dass seit Beginn der westlichen Demokratien. v.a. durch das Wahlsystem der voraussetzungslosen Mehrheitswahl, die Qualität der Funktionseliten spürbar nachgelassen hat. Die Mehrheit ist unabdingbar auf Seiten der untersten sozialen Schichten. Um deren Stimmpotential an sich zu ziehen ist es nötig deren Sprache zu sprechen und deren Hauptinteressen, welche überwiegend materieller und illusorischer Natur sind, in den Vordergrund zu rücken. Auf diese Weise entsteht der bekannte Kreislauf „immer versprechen, niemals etwas verlangen". So erklärt sich das Verschwinden der großen Staatsmänner und das Auftreten der rückgratlosen Opportunisten.

8.3   Metaphysik der Demokratie

Und so wird nun der Mensch zum Gott erhoben. So denn die Mehrheit ihn nicht sterben lassen will.

Die Demokratie ist von ihrem Wesensinhalt her völlig leer, d.h. inhaltslos. In ihr wird die *Art* des Mehrheitswillens nicht gemessen, er fließt ohne

Berücksichtigung eines höheren Ziels oder einer höheren Ordnung als konstituierend ein. Dieser Wille der Mehrheit orientiert sich an keinem transzendenten Objekt oder Ziel. Daher ist ein wesentliches Merkmal der Demokratie die Gleichgültigkeit gegenüber dem Mehrheitswillen, da es kein höheres Ziel als genau diesen Mehrheitswillen gibt. Daraus folgt ein zutiefst relativistischer Charakter, welcher jedes Bekenntnis zu einer immer gültigen Wahrheit ablehnt, da sich in der Demokratie die Wahrheiten mit den Stimmmehrheiten ändern. Die Wahrheit erschöpft sich in der aktuellen statistischen Stimmenmehrheit, die morgen wieder anders fällt als heute. Die Ablehnung immer gültiger Wahrheiten – also der Wahrhaftigkeit - geht Hand in Hand mit der Ablehnung einer göttlichen Kraft. So ist ein weiterer Wesenskern der Demokratie die Leugnung der Existenz göttlicher Ordnungen.

Im steten Glauben, dass der Mehrheitswille die besten Resultate liefert, ist der Demokratie der Gedanke völlig fremd, dass sich die Wahrheit auf Seiten der Minderheit befindet. Dieser Gedanke durchkreuzt den Tatbestand, dass eben die Mehrheit durchaus böswillig handeln kann. Von der Kreuzigung Jesu bis zum unbegleiteten Freigang des Kinderschänders reicht die Macht der Vorstellung des Guten des Mehrheitswillens auf dessen Thron der Mensch sich selbst gesetzt hat. Die ständig wechselnden Mehrheiten bzw. Wahrheiten verkennen despektierlich das Wissen und die Wahrheiten der

Ahnen und Ältesten, so dass diese wichtigen Erfahrungen in ihrer Wirkkraft eingeschränkt sind.

Historisch steht die Demokratie am Ende eines Zerfallsprozesses. Sie entsteht wenn der Wille des Volkes in einzelne Gruppen aufgesplittet wird und diese nun um Mehrheiten feilschen. Der Wille des Volkes wächst auf natürlichem Wege aus der Geschichte. Er beinhaltet das kulturelle Leben und die Religiosität und die Sitten und Bräuche des Volkes. Ist diese Gesamtheit zerstört, dann zerstreuen sich die Interessensgruppen. So steht am Ende der Parlamentarismus der Demokratie, der in der Regel nichts weiter ist als das teuflische Werkzeug eines Parteikartells, welches tyrannisch herrscht.

In der Todesstrafe findet die Demokratie ihr Paradoxon. Indem sie den Menschen zum Gott erhob, fällt nun seine temporäre Göttlichkeit der Todesstrafe anheim, wenn der Mehrheitswille darauf besteht. Gestern noch Gott, heute schon gekreuzigt, hier ist die Demokratie unbarmherzig. Die Wahrheiten ändern sich stets mit der Mehrheitsmeinung.

Eine weitere wichtige Facette ist das Fehlen des unterscheidenden Charakters der kleinsten Einheit. In einer Demokratie gibt es keine Volksseele, ja noch nicht mal ein Volk. Die atomare Einheit, der Mensch, unterscheidet sich nach demokratischer Ideologie nicht vom nächsten beliebigen Menschen von irgendwoher.

In dieser Nicht-Unterscheidung liegt die Negation des Göttlichen der menschlichen Seele, seine Unterschiedenheit, welche ihn ausmacht.

Die Überschrift Metaphysik der Demokratie ist somit ein Widerspruch in sich.

8.4 Metaphysik des Sozialismus

Und so wird nun die Menschheit zum Gott erhoben. So hoffe denn du nur, du arme Seele, dass du dort auch dazugehörst.

Der Sozialismus hat ein Ziel und der Sozialismus ist ein Glaube mit religiösen Grundzügen, er will der Glaube der ganzen Menschheit sein. Das Ziel, welches der Sozialismus zu erreichen strebt, liegt stets in der Zukunft. In einem „es ist jetzt noch nicht soweit" oder „der Weg der beschritten werden muss". Bisher ist es noch nicht vorgekommen, dass „es soweit war".

Im Gegensatz zur Demokratie kann der Sozialismus nicht alle Meinungen auf einem Streitplatz der Meinungen zulassen. Da der Sozialismus die einzig richtige und glückselig machende Lebensauffassung vertritt, ist ihm der Parlamentarismus der Demokratie ein Unding, da diese Lebensauffassung aus sozialistischer Sicht *einheitlich* sein soll. Hier kristallisiert sich wie in der Demokratie der Wesenskern einer den Menschen *nicht unterscheidenden* Ideologie aus.

Von wem auch immer auserwählt, steht die herrschende Klasse des Sozialismus vor Menschheit und Volk, welche im als gleich erscheinen, und proklamiert ihre Führungsansprüche. Die auserwählte Kaste oder Klasse ist das Proletariat. Dieses begreift sich als frei der Erbsünden des Liberalismus, der ersten politischen Theorie, welche die Menschheit in die Ausbeutung getrieben habe.

Dem Volk direkt gegenüber steht das Proletariat. Das Proletariat sei der bessere Teil dieses Volkes, so dass dem Volk im Ganzen die Souveränität abgesprochen wird. Der ideologische Charakter des revolutionären Sozialismus wird deutlich, wenn bedacht wird, dass eben nicht das Proletariat als stofflich greifbare Gemeinschaft, sondern vielmehr die Idee des Proletariats die erlösende Kraft zugesprochen wird. So kommt es dazu, dass in den inneren Kreis der herrschenden Kaste nur die Auserwählten, welche um die Idee der Wahrheit des Proletariats wissen, vordringen. Indem nur die Auserwählten in den inneren Kreis kommen, offenbaren sich die religiösen Züge des Sozialismus. Jene nicht von einer höheren Macht Selbstauserwählten tragen nun anti-demokratische Züge, denn es gibt keine Mehrheiten für sie. Durch die Selbstauswahl der oberen Kaste entsteht so etwas wie eine gottlose Oligarchie im Gegensatz zu dem Gottesgnadentum der Aristokratie.

Nun werden die Interessen dieser Oligarchen mit denen

des Proletariats formell gleich gestellt. Ab hier wird scheinbar im Sinne der Menschheit, dem falschen Gott des Sozialismus, gehandelt. Nunmehr wird jede Kriegs- und Zwangshandlung durch den falschen Gott abgesegnet. Dem Volk wird jede Meinungs- und Willensäußerung abgesprochen. Selbst dem Proletariat kommt nur dann die freie Willensäußerung zugute, wenn wahrhaftig, also ideologisch sozialistisch, gedacht wird. Der Glauben an den Sozialismus ist die herrschende Staatsdoktrin und alle müssen sich zu diesem „bekennen" in Sinne eines sakralen confiteor. Im Gegensatz zur Demokratie steht der Sozialismus dem Glauben an eine Sache nicht indifferent gegenüber, sondern er will diesen Glauben erzwingen, sei es durch die Erziehung in der Schule, durch Jugendorganisationen, durch Einschränken von Informationsmöglichkeiten, hier gibt es keine Grenzen. Nur dieser Glaube hat einen Haken, er ist nicht transzendent und somit nicht geeignet einen Menschen in seiner *natürlichen Unterschiedenheit zu erfassen.* Der sozialistische Staat will die Heiligkeit der Menschheit, doch die Heiligkeit der Menschheit ist im Sozialismus die Willkür der herrschenden Kaste und fernab jeder göttlichen Gnade. Im Kern ist der Sozialismus eine autokratische Gesellschaftsordnung mit Anspruch auf den inneren Bereich der menschlichen Seele. Er fordert ein immer wiederkehrendes Glaubensbekenntnis. Eine Brücke zu Gott kann er jedoch nicht aufbauen.

8.5 Metaphysik des Postsozialismus

Nach dem Scheitern des Sozialismus in den 90er Jahren verschwand das Proletariat aus dem Zentrum der sozialistischen Ideologie. Die zu überwindende Unterdrückter-Unterdrücker Antipole mussten erneuert werden. Waren im klassischen Sozialismus noch Unterdrücker und Unterdrückte in einem Volk zu finden, also das Proletariat noch Teil des Volkes, so wirft der Postsozialismus seine Kraken über die Grenzen hinaus.

Anstelle des Proletariats tritt der „ganz Andere". Dieser „ganz Andere" ist ein Migrant, also ein Wanderer, jemand ohne Heimat. Dieser rückt ins Zentrum der scheinsakralen Welt des Postsozialismus.

Nur das heilige Subjekt wurde ausgetauscht, die übrigen Wirkungsmechanismen der sozialistischen Ideologie bleiben bestehen. Ziel ist eine „bunte" Gesellschaft. Entscheidend ist es zu erkennen, dass „bunt" in diesem Zusammenhang für „gleich" steht. Diese Vision der All-Gleichheit steht der wahren transzendenten Grundlage der Unterschiedenheit diametral gegenüber.

Von höchster Gefahr jedoch, ist die postsozialistische-multikulturelle Ideologie für die christlich geprägten Länder Europas und Amerikas. Im Gegensatz zum klassischen Sozialismus der die Antipole in einer Volksgruppe sucht, werden nun die Antipole über die

Kulturkreise ausgedehnt, so dass das christliche Bild von Schuld und Buße vollends zugunsten der Ideologie ausgenutzt werden kann. Dieses Vorgehen ist brandgefährlich, da die meisten Europäer über Jahrhunderte dieses Bild überliefert haben und es somit tief in die Volksseele eingegraben ist. Durch diesen dämonischen Schachzug gewinnt die im Kern völlig gottlose Ideologie des Sozialismus einen Trumpf, welcher es ihr ermöglicht, tatsächlich transzendente Quellen anzuzapfen. Dies war im klassischen Sozialismus nicht möglich, da hier die Antipoden Unterdrücker-Unterdrückte dem gleichen Volk und der gleichen Volksseele angehörten.

Und das geht zum Beispiel so, es wird behauptet: „Der Wohlstand der ersten (weißen) Welt wurde durch Ausbeutung der dritten gewonnen". Also wird der „ganz Andere" zum Heiligen stilisiert und der christlich-abendländische Europäer zum Sünder. Durch das in der protestantischen Kirche fehlende Sakrament der Buße wird der „Sünder" weiter entwaffnet. Da der Protestant ohnehin in ständiger Revision mit sich selbst steht, bleibt ihm nur die tätige Reue der Selbstaufopferung und Selbstaufgabe übrig. „Der Christus in uns muss sich opfern und sterben, um die Menschheit zu erlösen". Da sich der „ganz Andere" in der Rolle des Opfers bzw. Ausgebeuteten befindet, ist ihm natürlich nichts abzuverlangen.

Infantil ist die Utopie, dass aus jener Mischung eine All-Gleiche Welt hervorgehe. Denn der Wesenskern will unterscheiden und die Ausgebeuteten werden, nun da ihre scheinbaren Ausbeuter ihnen ohne Waffen den Rücken zudrehen, jene dahin morden, damit ihre neue Herrschaft aufgebaut werden kann.

8.6 Zur Technik

Technik führt Ereignisse herbei, die allein durch das Wirken der Natur nicht von selbst eintreten. Technik wirkt erhaltend für die Grundbedürfnisse des Menschen. Somit ist die unterste Stufe der menschlichen Willensbildung – der Überlebenstrieb – die Triebfeder für die Entwicklung von Überlebenstechniken. Der Fisch springt nicht von selbst ins Netz. Das Netz muss erst gewebt werden. Das Herstellen des Netzes und dessen Anwendung beim Fischen sind bereits Techniken. Da die Herstellung des Fischerbootes auch der Technik zugerechnet werden muss (ein Fischerboot entsteht nicht von selbst), ist Technik immer auch eine Kombination von Techniken um unterschiedliche Zwecke zu erfüllen. Der Sättigungsbereich der Technik ist mit dem Überleben erreicht. Jedoch ist hier noch nicht das Ende ihrer Entwicklung erreicht. Für den Menschen endet die Anwendung von Techniken nicht durch Grenzen wie Instinkt oder Sättigung der Grundbedürfnisse. Als einziges Lebewesen der Erde baut er auf bereits vorhandenen Techniken auf und erschafft sich auf diese Art und Weise in streng monotonem Wachstum neue Techniken, die einander bedingen und sich ergänzen.

Monotone Entwicklung der technischen Fortschritts

Im Gegensatz zu den zyklisch verlaufenden Prozessen der Natur, repräsentiert die Technik ein ihr selbst innewohnendes Fortschreiten über den Status quo. Natürliche Prozesse verlaufen zyklisch und aus diesen Zyklen wird Neues kreiert, welches wieder in einen Zyklus übergeht. Dies hat zur Folge das Schlüsselereignisse sich wiederholen. In der Technik ist dies niemals der Fall. Die Historie der Technik enthält keine Orte zu denen es sich zurückzukehren lohne. Eine Rückkehr würde zu einer Verlangsamung führen. Das Wesen der Technik offenbart die Bruchstellen des promethischen Geistes von dem Wahrnehmen des unmittelbaren Zusammenhangs göttlicher und weltlicher Ordnung.

Darüber hinaus gehend verselbstständigt sich die Technik in ihrem monotonen Wachstum. Um diese Verselbständigung zu verhindern müssen Massenkonstrukte verhindert werden und statt dessen Nationen oder Religionen eingesetzt werden, um der unkontrollierten Wucherung Grenzen zu setzen. Der Weiterentwicklung von Techniken wohnt immer die latente Gefahr bei unkontrolliert zu wuchern. Dies liegt darin begründet, dass die Ereignisse und Techniken niemals nur auf einen Menschen fokussiert sind, sondern prinzipiell immer auf alle anderen übertragbar sind.

Universalität der Technik

Es gibt also eine Universalität der Technik. Nicht jeder kann sie vorantreiben oder weiterentwickeln, doch alle gleich welches Geschlechts, Alters, Rasse oder Nationalität oder Religion können sie nutzen. Auf dieser Ebene entspricht die Universalität der Technik der Universalität der menschlichen Sexualität, sie hat fast keine Grenzen und kann in ihrem Lauf allenfalls gebremst doch niemals ganz aufgehalten werden. Zum Beispiel springt ein Bewohner einer Nation mit geringerer Entwicklungsstufe der Technik in eine weiter entwickelte Nation (Urwaldbewohner in New York). So kann auch dieser dort Fernsehen nutzen oder in ein Flugzeug einsteigen. Alle technischen Entwicklungsstufen sind theoretisch auf alle Menschen anwendbar und übertragbar.

Hier offenbart sich die Technik als Triebfeder der Globalisierung. Technik ist gefährlich in der Hinsicht, dass sie die Entstehung von Massenstrukturen begünstigt. Ursache ist also die Übertragbarkeit auf theoretisch alle Menschen, also ihre Universalität. Diese Übertragbarkeit fördert die Ununterschiedenheit und damit die un-Menschlichkeit aufgrund der zunehmenden Wesensfremdheit vom Menschen und

Abwesenheit der Seele. Im Augenblick der Gottesoffenbarung verliert wird die Anwendung von Technik für den einzelnen bedeutungslos in jeder ihrer Gestalten und Entwicklungsstufen. Nach Verschwinden der Furcht vor der Ununterschiedenheit gibt es kein Klammern mehr an den diesseitigen Leib. Im Gegensatz dazu wird die Technik, die über die notwendigen Überlebenstechniken hinausgeht, von Massenkonstrukten, also in erster Linie unerlösten „faustischen" Menschen forciert. Die Beherrschbarkeit der Technik wird dabei in dem Maße verloren, in welchen die partizipierende Anzahl an Menschen zunimmt. Das Ziel der maßlosen Technik ist der Versuch die Ununterschiedenheit der Eigenschaft der Menschen im natürlichen Zyklus auf ewig zu fixieren. Somit ist die monoton wachsende Technik seelenlos. Dies bedeutet, dass der Mensch ausschließlich in seiner seelenlosen Gesamtheit erfasst wird. So verschlingt die Technik sich selbst, denn die angestaute Macht der Technik auf den natürlichen Zyklus birgt stets das Potential der totalen Vernichtung der Urheber. An die absolute Kontrolle tritt das Gegengewicht der absoluten Nicht-Kontrolle. *Somit ist Technik in Massenkonstrukten als nicht beherrschbar anzusehen.* In diesem unbeherrschbaren Zustand ist der Unterschied zwischen der Eigenschaft Mensch des natürlichen Zyklus und Nicht-Mensch im natürlichen Zyklus durch die Technik aufgehoben und nicht mehr unterscheidbar.

Wegen der begrenzten Zeit des Auftreten des Menschen im natürlichen Zyklus ist der seelenlose Zustand der Gesamteigenschaft Mensch der gleiche wie ohne diese Eigenschaft, weil eben die Aufenthaltsdauer im natürlichen Zyklus trotz der Technik nicht ewig verlängerten werden kann, weder für den einzelnen noch für mehrere.

Technik führt nur im Zusammenspiel mit einer Nicht-Massenstruktur in eine Ordnung. In einer Massenstruktur wird sie letzten Endes zur immanenten Bedrohung aller Menschen, da in diesem Falle Schritt für Schritt die Kontrolle verloren wird. Einige Wissenschaftler behaupten, dass der Versuch der Beherrschung der Technik – ein wesentlicher Wesenskern des Westens - das eigentliche Kernthema der beiden letzten Weltkriege war. Die Abwürfe der Atombomben sind dann der Beweis für die Unbeherrschbarkeit der Technik im menschlichen Massenkonstrukt, die in dieser hohen Entwicklungsstufe die Ununterschiedenheit der temporären Eigenschaft Mensch des natürlichen Zyklus mit dem Nichts gleichzusetzen vermag.

Maßlosigkeit

Der Wirkungsgrad des idealen Carnotschen Kreisprozesses sagt aus, dass es eine Obergrenze für die Nutzbarkeit der Energie in ihren

Umwandlungsvorgängen gibt. Daraus folgt unmittelbar, dass es kein Perpetuum mobile erster Ordnung geben kann. Dies sagen auch der erste und zweite Hauptsatz der Thermodynamik aus.

In der Folge ist jede technische Energieumwandlung ein Verlust, da der Wirkungsgrad immer kleiner als eins ist. Es wird also immer mehr Ausgangsmaterial verbraucht, um höhere Energieformen zu erzeugen. In der Folge verschlingt die Technik mehr als sie produziert.

Somit ist einleuchtend, dass es einen zentralen Widerspruch gibt. Es ist der Widerspruch zwischen promethischer Hybris und der Tatsache, dass Verbrauch und Regeneration der natürlichen Ressourcen sich in einem Gleichgewicht befinden.

Keine technische Entwicklungsstufe vermag eine unendliche Anzahl von Menschen zu versorgen. Durch seine ihm zu eigene promethische Hybris wird der Techniker blind für diese Wahrheit und er sägt quasi auf dem Ast auf dem er sitzt.

Tragisch ist die Tatsache, dass technische Maßnahmen, in erster Linie Verbesserung der Nahrungsmittelversorgung und globale Steigerung der medizinischen Versorgung, dazu geführt haben, dass das Gleichgewicht gestört wurde. Mehr noch, es führte zu einer diabolischen Täuschung, die dazu führte, dass einige Menschen sich anmaßen über den natürlichen Zyklus herrschen und bestimmen zu können. Möglicherweise wäre es für weise Erwählte möglich, indem sie die Grenze des Gleichgewichts wahren und schützen, so wie es in Reichen stattfindet, welche die göttliche Ordnung angenommen haben. Doch jene der promethischen Hybris Verfallenen stürzen alle in den abgründigen Sog des präzessierenden Kreisels unseres einstürzenden Gleichgewichts. Nur ein Gott kann sie noch retten.

9 Über den Ort

Eine Rumpelkammer auf dem verstaubten Dachboden. Der Nebenraum des Altarraumes. Die Sitzbank neben dem Herd der Mutter. Der Standabschnitt an der kleinen Bucht. Die Lichtung in einem Wald,in der Kathedrale während der Messe, auf dem Schlachtfeld, auf dem Golfplatz, vor dem eigenen vollendeten Werk, in der Bibliothek von Alexandria, auf dem New Yorker Börsenparkett, in der alten Kneipe, am Gipfelkreuz des Mount Mc Kinley, im Kreise der Familie, bei Oma, vor dem Marienaltar, an einem stillen Waldsee, im Museum, im Krankenhauszimmer, beim Einkaufen im Supermarkt, unterwegs in Jerusalem, allein nachts auf dem Friedhof und im Leichenschauhaus, im Rockkonzert, in der Weltraumstation, im Dunstschleier der Niagara Fälle, im Ebola Behandlungszentrum, als sterbender Kamerad neben Ernst Jünger im Wäldchen 125, an einer Wüstenoase in der Gaskammer vor der Hinrichtung, im Luxusbordell von Frankfurt, im Arbeitsamt als Antragsteller, allein als Fremder im eigenen Land.

Der Charakter, das Wesen der Orte, die wir aufsuchen, bestimmen unser Bewusstsein der Rückbindung zum Ursprung unseres Daseins. Es gibt Orte mit metaphysischer Quellen und es gibt Orte mit metaphysischen Senken. Tragischerweise existieren auch Orte ohne metaphysische Aufladung. Diese Orte bestimmen mehr und mehr unser Dasein. An diesen

Orten wird der Mensch entfremdet, dort wird die Zwischenwelt betreten.

9.1 In der Zwischenwelt

Welten sind in sich geschlossene Räume, die allein von der Unendlichkeit begrenzt werden. Welten werden von Göttern geschaffen.

Zwischenwelten sind glitzernde Fragmente der zerbrochenen Welten. Sie sind der noch leuchtende Abglanz des Ganzen. Die ursprüngliche Göttlichkeit verliert in der Zwischenwelt zunehmend ihr Strahlen, bis sich ein grauer Nebelschleier ausbreitet, der das Licht der Sonne vollständig abschirmt.

Die Zwischenwelt ist die Heimat der letzten Menschen im nietzeanischen Sinne, die im Laufe einiger Generationen die Erinnerung an die strahlenden Welten verloren haben. Das Leben der Moderne findet ausschließlich in Zwischenwelten statt, denn im Laufe der Zeit vergaßen ihre Bewohner die Kenntnis über die Ein- und Ausgänge ihrer Zwischenwelten, so dass diese schon seit längerem nicht mehr bewacht werden müssen.

9.2 Zwischenschub

Shoutaro wird nicht gerettet werden

I

In einem kleinen Dorf wuchs vor etwa dreißig Jahren ein kleiner Junge heran. In diesem Dorf verbrachte er seine Kindheit und seine Zeit als junger Erwachsener. In Alter von etwa 30 Jahren blickte Shoutaro auf sein Dorf und dachte bei sich selbst: "Ich erkenne mich nicht wieder. Mein Dorf ist mir zur Wüste geworden. Was einst blühte ist vergangen und ausgelöscht. Es ist mir ein Gräuel hier zu sein!"

Und da spürte er, dass er selbst etwas war, was im Begriffe war nicht mehr zu existieren. Und seine Gedanken entflammten sich und er fragte sich: "Wie konnte ich das nur zulassen?"

Er verlor einen Teil von sich selbst. Er verlor seinen Ort. Er verlor ihn nicht im wörtlichen Sinne, vielmehr wurde er von ihm verlassen. Bei jedem Sonnenaufgang etwas mehr.

Wenn mein Ort zu mir gehört, warum verlässt er mich dann? Oder gehöre ich nicht mehr an diesen Ort?

Shoutaro wollte leben, wie alle anderen auch. Doch seine Fragen quälten ihn und ließen ihn nicht mehr los.

II

Am nächsten Tag betrank Shoutaro sich. Und seine Seele reiste in die Vergangenheit, dort fand er sich für eine Zeit, kürzer als sein Rausch.

Doch dann war er wieder zurück und sein Dorf war ihm fremder als je zuvor. Seine Sehnsucht aber ließ ihm keine Ruhe und er betrank sich Tag für Tag.

III

Am nächsten Tag besuchte Shoutaro seine Eltern. Beide waren bei bester Gesundheit und er unterhielt sich mit ihnen, wie er es immer tat. Für einen Augenblick spürte er, dass er jetzt wieder an seinem Ort war. Doch es war ein vergangener Ort. Es war der Ort seiner Kindheit. Doch Shoutaro hatte den Ort seiner Kindheit bereits verlassen und er blickte erneut ins Leere.

"Diese Liebe ist in der Gegenwart und in der Vergangenheit, doch in die Zukunft erstreckt sie sich nicht!. Für meine Eltern existiert nur die Vergangenheit in der Gegenwart. Hat das Vergessen meine Eltern gerettet?", fragte sich Shoutaro.

IV

Shoutaro ging zu seiner Frau in einem kleinen Haus am nördlichen Ende des Dorfes. Er liebte seine Frau sehr. Shoutaro dachte bei sich : "Wird diese Liebe sich in die Zukunft erstrecken?" Er aß zusammen mit seiner Frau und vergaß sich selbst für kurze Zeit. Seine Frau war eine überaus warmherzige Frau und Shoutaro umarmte sie. Er strich seinen kleinen Jungen über den Kopf. Doch am nächsten Morgen, als er erwachte, war es nicht besser geworden. Und er fragte sich: "Was soll ich nur tun, ich habe das Gefühl einen Teil von mir verloren zu haben?"

V

Gott liebte Shoutaro und er blickte mit großer Sorge auf ihn herab.

VI

Ein alter Freund kam zu Shoutaro und lächelte ihn freundlich an. "Shoutaro! Was hast du auf dem Herzen?". Shoutaro konnte ihm nichts antworten und für den Rest des Tages sprachen die beiden über ihre Schulzeit in dem Dorf, so wie sie es meist taten. Ahnte Shoutaro, dass sein Freund wie er fühlte? Er konnte nicht sprechen. Mit seinem Freund war er immer in den alten Dorf seiner Kindheit und seine Freunde ließ ihn für eine Zeit seine trüben Gedanken vergessen.

VII

Shoutaro wurde von Tag zu Tag trauriger und er fasste den Gedanken sein Dorf zu verlassen. Doch dann plagten ihn grausame Träume darüber und er fragte sich wo sein Ort wäre und er flehte um Antwort und sein Flehen erreichte den Herrn.

VIII

Im Traum erschien ihm der Herr und sprach zu ihm:

„Shoutaro! Dein Ort hat dich schon vor langer Zeit verlassen und du hast so viele Jahre gebraucht es zu merken. Die Seelen deiner Ahnen streunen hier herum und sie verfolgen dich im Traum. Doch weil du mich liebst, liebe auch ich dich und ich werde dir helfen. In deinen Entscheidungen bist du frei. Entscheide dich und ich helfe dir!"

Erschrocken erwachte Shoutaro.

IX

Shoutaro zögerte und unsicher war er geworden. Und Tränen ergossen sich über sein Gesicht. Der himmlische Glanz entfärbt sich sobald er die Erde berührt. Diese Welt ist der Ort des Menschen. Aber Shoutaros Herz wollte zurück an seinen Ort.

Und Shoutaro entschied sich eine Reise zu unternehmen.

X

Als Shoutaro der Stadt näherkam, beobachtete er alles mit großer Verwunderung. Hier gab es bereits einen anderen Ort. Wenn Shoutaro die Augen schloss, dann hörte er das Ausklingen des alten Orts. Shoutaro lief es kalt den Rücken herunter. Er spürte, dass hier die Welt aus den Fugen geraten war. Da beschloss Shoutaro den Ratsherren aufzusuchen.

XI

Der Ratsherr begrüßte Shoutaro und Shoutaro wunderte sich. Er fragte ihn: "Woher kennen Sie mich?"

Der Ratsherr antwortete ihm darauf, dass seine Daten in den archivierten Unterlagen verzeichnet sind.

Darauf wollte Shoutaro wissen, um welche Daten es sich handelt.

"Ich habe ihre Geburtsdaten", antwortete der Ratsherr.

"Das kann nicht sein", antwortete Shoutaro. "Hier kann ich nicht geboren sein, denn ich komme von woanders her, das hier ist nicht mein Ort!"

"So steht es hier aber", wunderte sich der Ratsherr.

"Dann haben sie einen Fehler gemacht, streichen sie mich aus dem Register heraus, dann haben Sie richtige Unterlagen", rief Shoutaro ihm zu.

"Das kann ich nicht, nicht einmal wenn Sie gestorben wären", ergänzte der Ratsherr.

"Weder bin ich hier geboren noch werde ich hier sterben, ich kenne Sie nicht!" rief Shoutaro dem Ratsherrn laut zu, als er das Ratshaus überstürzt verließ. Draußen war es fast ganz dunkel und Shoutaro beeilte sich einen Platz zum Übernachten zu finden, denn um zum Dorf zurückzukehren war es bereits zu spät.

Und als er durch die Gassen lief grub sich der kalte

Wind tief unter seine Haut und brachte ihm zum frieren.

Der Herr sah Shoutaro von oben und dachte bei sich. "Shoutaro, du läufst in die falsche Richtung!" und er machte sich große Sorgen um Shoutaro.

XII

Shoutaro betrat ein Gasthaus. Dort wollte er übernachten. Er sprach den Wirt an, doch dieser konnte ihn nicht verstehen. Shoutaro verstand seine Sprache nicht und obwohl Shoutaro sehr belesen war konnte er diese Sprache nicht zuordnen. Er gab dem Wirt Geld und dieser führte ihn eine lange Treppe hinauf in ein Gastzimmer. Shoutaro sperrte die Tür hinter sich ab, er vermisste seine Frau und seinen Sohn und schon morgen früh wird er zum Dorf zurückkehren und seine Reise beenden.

XIII

Am nächsten Morgen wachte Shoutaro auf und verließ das Gasthaus. Es war noch dämmrig, da sah Shoutaro einen alten Mann auf dem Marktplatz in einer Ecke stehen. Shoutaro hatte den Eindruck als starre der alte Mann ihn an. Er ging auf den alten Mann zu und dieser sprach sofort zu ihm: "Was hast du hier zu suchen? In dieser Stadt, die dich verraten hat. Willst du so enden wie ich? Kommt dir hier etwa irgend jemand bekannt vor? Du stehst hier an einem Ort, es ist nicht *mehr dein Ort*. Dein Ort wurde verraten und so wurdest du verraten. Dein Ort hat dich nicht verlassen; er wurde dir genommen und so kann nun dein Herz nicht mehr in seine Heimat zurückkehren". Der alte Mann drehte sich um und hinkte davon. Shoutaro rief ihm nach, doch etwas hinderte ihn daran den alten Mann zu verfolgen und er blieb wie angewurzelt stehen.

Shoutaro spürte den Schlag seines Herzens, es machte einen Sprung. Denn Shoutaro wusste, dass Verrat die größte Sünde ist und dem Herrn missfällt. Und obwohl Shoutaro niemals eitel gewesen war, so missfiel ihm doch der Gedanke daran verraten worden zu sein. Wenn dem so ist, dann wurde auch seine Familie verraten. So wollte er nicht weiterleben. Der Verräter muss sterben. Doch wer war der Verräter?

IVX

Jeder konnte der Verräter sein. Doch Shoutaro spürte, dass er seinen Ort nicht wiedererlangen konnte. Er betete zu dem Herrn. Zu schwach fühlte sich Shoutaro. Er kehrte zu seiner Familie in das kleine Dorf zurück.

VX

Am nächsten Morgen lag Shoutaro tot in seinem Bett. Seine Arme waren überkreuzt und sein Gesicht war ausdruckslos.

Der Verlust seines Ortes hatte Shoutaro das Leben gekostet.

Ein Jahr später verließ Shoutaros Frau und sein Sohn

das kleine Dorf und sie spürten, dass es eine lange Reise an einen sehr weit entfernten Ort werden wird.

9.3 Zur Isolation der Moderne

Das Einzelsein ist Erhöhung und Auszehrung. Die Gemeinschaft ist Angleichung und Stärkung. Der Mensch pendelt zwischen Einzelsein und Gemeinschaft hin und her. Sein Inneres führt ihn mal näher an das Einzelsein, mal näher an die Gemeinschaft.

In dem Augenblick der Annäherung an die Gemeinschaft reduziert sich die göttliche, absolute Unterschiedenheit des Menschen, da seine ureigene Schwingung nun an das Schwingungsmuster einer Gruppe angeglichen wird. Die Entität der Gruppenschwingung kann virtualisiert werden, da die Kopplung an den Einzelnen nicht mehr gegeben ist. Dies kann in der Moderne etwa eine Facebook-Kommunität sein, die sich einem Leitgedanken verpflichtet sieht. Die Schwingung der Gruppe findet sich im virtuellen Raum wieder. So erfolgt eine virtuelle Zugehörigkeit bei gleichzeitiger körperlicher Abwesenheit. Durch schrittweise Reduktion der einzigartigen Schwingungen eines Menschen auf Gruppenschwingungen kann das reduzierte Schwingungsmuster eines Menschen virtualisiert werden. Dieser Mensch wird von den Körpern der physischen Gemeinschaft getrennt. Die reduzierten Schwingungsmuster ergeben in ihrer Gesamtheit eine sterbliche Gruppenentität wider. Durch Virtualisierung wird er körperlos und damit vom natürlichen Zyklus isoliert. Doch dieser spendet ihm die Kraft des physischen Lebens. Abgeschnitten von den natürlichen Quellen der diesseitigen Existenz erlahmt die Lebenskraft. Dies ist das traurige Bild des isolierten Menschen in der Moderne, von welchen ich träumte.

9.4 Atomisierung der Identität

Die monotone Entwicklung der Technik hat zu einer Technokratisierung und Hyperstrukturalisierung des Lebens geführt. Die Isolation des einzelnen nimmt beständig zu.

Dies geschieht z.B. durch Verwaltung und Vernetzung seiner letzten Rückzugbereiche. Die Krake des Netzes greift tief ins private Leben. Emails seinen sie privat oder geschäftlich rufen zur Antwort. Geschäftliche Telefonate werden vom Urlaubsort aus geführt. Der Zugriff auf die Ressource „Arbeitskraft" ist orts- und zeitunabhängig geworden.

Die Zersplitterung des menschlichen Individuums in Funktionseinheiten haben den ganzheitlichen Menschen , sofern er in der Moderne jemals existierte, demontiert.

Das Individuum wird fragmentiert, es wird atomisiert. In erster Linie in organische Grundbedürfnisse wie Essen, Trinken, Schlafen. Doch auch die zwischenmenschlichen Bedürfnisse werden atomisiert.

Diese Bedürfnisse haben eine wichtige Eigenschaft. Sie sind quantisierbar und lassen sich verwalten. Es ist möglich statistisch zu erfassen wie viel ein Mensch zu essen braucht, wie oft er pro Jahr voraussichtlich zum Arzt muss, und sogar wie viele Stunden er berauscht werden muss und wie viel Zeit er dem Fortpflanzungstrieb widmen muss und wie viel Geld staatliche Stütze er erhalten muss, damit er nicht zum Amokläufer wird. Wenn die Summe dieser quantisierten Zeiten jedem einzelnen zugeordnet werden kann, so kann das Risikopotential berechnet werden. Diese Verwaltungsaufgaben werden gegenwärtig noch von unterschiedlichen Organisationen wahrgenommen. Essen und Trinken über Cash-Cards in den Supermärkten. Freizeit und soziales Verhalten über das Internet. Die Arbeitswelt übt ihre eigenen Kontrollmechanismen aus. Die sichtbare behördliche Verwaltung wacht über Aufenthaltsort (Meldegesetz), Abgaben (Steuern) und andere zugeteilte Pflichten bis hin zur Streupflicht im Winter vor dem eigenen Haus. Die Banken wachen über die Kontobewegungen und wem diese zugehen. Schulden werden niemals vergessen und schlagen sich in negativen Bewertungen bis hin zur negativen Kreditbewertung durch. Es wird über die Abschaffung des Bargelds nachgedacht, so dass auch der kleine Warenverkehr (welche Bücher kaufe ich?, wie viel Schnaps kaufe ich im Supermarkt?) überwacht werden kann.

Das Ziel ist die Zusammenführung all dieser Informationen durch Vernetzung aller relevanten Informationsquellen

Augenblicklich scheinen die Informationen noch zu delokalisiert und verstreut zu sein. Im Zuge der anschwellenden Vernetzung werden diese jedoch gebündelt werden können. Ist dies geschehen, dann kann nach Ansicht derer, die meinen das Menschenbild wäre nicht mehr als die Summe einer Teile, die Gesellschaft gezielt gesteuert werden. Voraussetzung hierfür wäre lediglich die Registrierung im System, welche durch Annahme der Angebote zwingend erfolgt. Diese Steuerungsmöglichkeit ist eine wichtige Stütze zum Machterhalt in der Demokratie. Des weiteren kommt es zum Ausblenden der metaphysischen Bedürfnisse. Natürlich kann das perfekte Verwaltungssystem auch statistische Mittel über die Zeitdauer, die ein Mensch etwa im Gottesdienst oder im Tempel verbringen muss und diese Bedürfnisse mit einkalkulieren.

In der Summe bildet die Atomisierung der Identität ein Mittel der Herrschaft ab. Der Liberalismus und die Technik haben die Voraussetzungen dafür geschaffen. Das Ganze, das sich maximal Unterscheidende, wurde aufgelöst. Der atomisierte, fragmentierte Mensch ist leichter zu beherrschen als es der klassische Sklave je war.

9.5 Herbeiführung einer Massenkatastrophe

Was war nötig, um die Massenkatastrophe einzuleiten: Wecken von Bedürfnissen nach Wohlstand von ortlosen Menschen und Ausrichten der Erfüllung dieser Wünsche und Bedürfnisse auf Deutschland. Durch die bis 2015 angewachsene Vernetzung konnten diese Werbebotschaften gezielt verbreitet werden.

Existenz eines Verbunds ehemaliger Nationalstaaten in Auflösung ohne Grenzüberwachung (Schengenraum).

Moralismus steht über Rechtsstaatlichkeit. Gesetze werden nur angewendet, wenn sie gerade passen. Pervertierter christlicher Hintergrund. „Die ganze Welt kann auf Kosten des eigenen Volkes gerettet werden" und „Auf Unbewaffnete, bzw. Frauen und Kinder wird nicht geschossen".

Überwiegend bedingt durch Wohlstand und dem langjährigen Fehlen von Ausnahmesituationen fehlt im Volk die Widerstandskraft und die Fähigkeit einer realistischen Einschätzung der Lage.

Letzten Endes wird auf Unbewaffnete, seitens der untergehenden Nationalstaaten Europas, nicht geschossen werden. Glück im Unglück haben die Staaten, die nicht Endziel der Massenkatastrophe sind (z.B. Osteuropa, aufgrund niedrigeren Wohlstandes). Seien unter diesen Eindringenden nur junge Männer oder auch Frauen oder Kinder, es ist egal. Der westliche

Geist, der jahrelang nichts verteidigen musste, hat verlernt sich zu verteidigen. Kein Angehöriger der Polizei oder der öffentlichen Sicherheit wird sein Gewehr auf Unbewaffnete richten und abdrücken, wenn gegen Ende der Katastrophe der Schießbefehl kommt. Daher ist es unerheblich, ob solch ein Befehl erteilt wird. Die Einzelnen, der Polizei oder Militär Zugeordneten, die letzten Endes nicht die Waffen strecken, also jene, die ihre letzten Stunden mit der eigentlichen Erfüllung ihres Auftrages verbringen. Jene werden in die Geschichte eingehen. Aufgrund ihrer geringen Anzahl dann sogar mit vollem Namen zum Auswendiglernen.

9.6 Pandämonium

Der Tod, die Verwesung und die Erscheinungen des Verfalls sind in der Geschichte oft als Dämonen verkörpert worden. Die Dämonen wurden im Mittelalter in die Sphäre des Schlafs verbannt, wie Succubus und Incubus. Die schweren Sünden wurden ebenfalls von Dämonen dargestellt. Das offene Auftreten von Dämonen in unserer täglichen Wahrnehmung hat eingesetzt.

Es sind die Kräfte des entfesselten Teufels, welche unsere Hybris, unser Hochmut entfacht hat. Zerrbilder des Chaos und der Anarchie manifestieren sich in der entstellten Mimik der Dämonen, die tagsüber erhobenen Hauptes durch unsere Straßen streifen.

Blutgierig blicken sie auf alles was sie verschlingen und in die Hölle schleifen können. Eine Kirche dient ihnen als ruhiges, sicheres Rückzugsgebiet, eine Moschee als ihr zweites Zuhause. Wie siedendes Öl kocht ihr zerstörerischer Wille auf den verlassenen Altären, die einst zur Verehrung der ewigen Wahrheit errichtet wurden. Blut tropft nun von ihnen herab. Seit dem 2. Vatikanischen Konzil sind die einst heiligen Räume von unsichtbaren, giftigen Dämpfen erfüllt. Die Dämonen sind die Ankündigung eines dunklen Zeitalters.

Im Zentrums des Pandämoniums rückt der Blick auf Gott wieder in den Focus und verschärft sich. All diese schwarzen, tränen peitschenden Kräfte, verursacht durch Gottes Kontakt zu seiner schändlichsten Schöpfung. Alles Böse kehrt am Ende zu sich selbst zurück, wenn das Gleichgewicht zu stark belastet wird. Bis dahin werden wir im Pandämonium leben, dessen grausamster Fluch in seiner frühen Erkenntnis durch die Erwählten liegt.

Möge es von nur kurzer Dauer sein!

10 Geistige Abtrünnigkeit

Wer seine Unterschiedenheit erkannt hat, sollte sich als nächstes fragen, in welcher Umgebung er sich befindet. Der Nihilismus der Massenkonstrukte dringt immer tiefer in das Bewusstsein der Allgemeinheit vor. Jemand, der frei denkt; jener zieht alle Sichtweisen in den Brennpunkt seiner Erkenntnis.

10.1 Die Ahistorie des Standpunkts

Die Ahistorie des Standpunkts ist ein Erzeugnis der Demokratie. Eine solche Vorgehensweise engt die Erkenntnisfähigkeit in ungeheuerlichen Maße ein und verleitet zu falschen Schlussfolgerungen und letztendlich absurder Vorgehensweise. Es gäbe der Beispiele tausende, doch hier ein Vorschlag. Finden Sie über ein lineares Massenmedium (also Fernsehen, Zeitung, Internet ist nicht gemeint, da dies kein lineares Massenmedium ist) ein Thema heraus, welches extrem emotional eingefärbt ist. Zum Beispiel eine Behauptung wie „Alle Menschen sind von Geburt an gleich". Wenn Sie diese Zeilen lesen, dann werden Sie wahrscheinlich sofort zustimmen. Sie denken unbewusst sofort zum Beispiel an schwarze Sklaven, die auf Plantagen arbeiteten und schließlich nach dem amerikanischen Bürgerkrieg nun endlich Rechte wie Gerichtsprozess bekommen und ähnliches.

Sie werden der Hybris verfallen, dass die jetzige

Sichtweise der Dinge die beste ist, die es jemals gab und die vielleicht noch ausbaufähig ist. Sie werden völlig ausblenden, dass diese Situation mehrere tausend Jahre ein völlig anders gesehen wurde. Indem die Ahistorie des Standpunktes die Geschichte ausblendet, kommen Sie erst gar nicht auf die Idee zu denken, warum diese oder jene Angelegenheit Jahrhunderte anders gesehen wurde. Konnte der denkende Mensch sich so lange Zeit täuschen?

Im 2. Vatikanischen Konzil wurde bestimmt, dass der Priester sich bei Abhaltung der Messe den Gläubigen zuwendet. Indem er dies tut, wendet er Gott während der Messe den Rücken zu. Ist dies nicht eine Erniedrigung Gottes? Dies war der Ritus der Anbetung, wurde dieser nun Jahrhunderte falsch durchgeführt, so dass eine Änderung nötig war? „Wer einen Ritus abändert, verletzt einen Gott" (Davila). Selbst eine scheinbare Traditionsgesellschaft wie in diesen Beispiel die katholische Kirche wird in ihren Firm- und Kommunionsunterrichtes diese Änderungen nicht ansprechen, um die Ahistorie des Standpunktes nicht zu gefährden und um sich nicht unangenehmen Fragen stellen zu müssen.

Die Ahistorie des Standpunktes ist als Erzeugnis der Demokratie und der Massengesellschaften somit nichts weiter als das Phänomen der sich mit der Mehrheitsmeinung ändernden Wahrheit. Die Ahistorie ist ebenfalls ein Synonym für das sofortige Vergessen von wichtigen Geschehnissen innerhalb weniger Tage. Wer nicht weiß woher er kommt, weiß auch nicht wohin er geht.

Die Quintessenz der Ahistorie des Standpunkts ist der immer nur in der Gegenwart existierende Status quo. Dazu gehören auch die vorbeirauschenden Bilder der fragmentierten Existenz der atomisierten Identität. Wahrheit und Unwahrheit, das Gesehene und das Verschwommene wechseln sich so schnell ab, dass die Historie auf den Augenblick zusammenschrumpft.

10.2 Ewig gültige Wahrheiten

Es existieren ewig gültige Wahrheiten, sie spiegeln die Ordnung wider, welche auf diese Welt geworfen wurde. Jene Wahrheiten sind zeitlos, in ihrer Gesamtheit bilden sie die Wahrhaftigkeit. Ihre Zeitlosigkeit ist das Hintergrundrauschen welches alle falschen Wege und Entscheidungen begleitet. Um sie zu finden müssen wir die Wendeltreppe des höchsten Turmes unseres Lebens erklimmen und hinab blicken. Wenn wir in der Lage sind die ewig gültigen Wahrheiten zu erkennen, dann erfüllt uns sogleich noch eine weiteres Gefühl. Jene Wahrheiten werden erkannt und sie werden gefühlt. Diese Wahrheiten sind die eigentliche Metaphysik.

Außerhalb stehen

Nach einer geistigen Sezession schwindet der Zugang zur Welt der Massenkonstrukte. Es wird scheinbar ein

Außenseiter geboren. Die Betrachtungen der Masse erscheinen ihm absurd bis lächerlich. Er wird versuchen mit seiner nähren Umgebung zu sprechen, doch sobald er von der Ahistorie des Standpunkts abweicht, wird er nicht mehr wahrgenommen. Er ist und bewegt sich jetzt getrennt von der Menge. Es beginnt ein gedanklicher Filterprozess und die Art des Hinterfragens ändert sich. Durch das außerhalb-stehen sondert sich der Einzelne von der Masse ab.

10.3 Bestimmung der Herrschaft über das Eigene

Ziel ist die Entanonymisierung der Herrschaft über das Eigene.

Dazu muss ein Ort gewählt werden, welcher nur eine begrenzte Population aufnehmen kann. In Zeiten da die Erde mehrere Milliarden Menschen zählt, bleibt hierfür nur ein Ort zur Auswahl.

Eine Insel.

Lassen wir die Insel symbolhaft über unsere geistige Sezession stehen. So wie die Insel durch das Meer abgetrennt vom Festland liegt, so haben wir uns geistig von den Massenkonstrukten gelöst.

Ein Blick zurück in die Historie der alten griechischen Polis zeigt es uns deutlich. Einher mit dem Rechte des Bürger ging die Pflicht zur Übernahme einer Aufgabe innerhalb der Gemeinschaft. So fanden sich die Bürger in den verschiedenen Berufen wieder.

Durch die Kenntnis der anderen Bewohner wird eine greifbare hierarchische Struktur erschaffen. Es entsteht eine Differenzierung nach Erfahrung, Können, Einsatzbereitschaft und Mut. Innerhalb dieser traditionellen Einstufungen findet sich ein adäquater Platz für jeden in der Gemeinschaft innerhalb der natürlichen, göttlichen Ordnung.

Die heilige Gemeinschaft der Unterschiedenheit

Geistige Sezession bedeutet ein Einzelner Sein. Nur in der Einzelheit liegt die geistige Höhe der Schaffenskraft. Allein Einzelheit bedeutet für den Körper, den es schwer zur Erde zieht, Leiden. Darum sei es die Gemeinschaft, die Freude bedeutet. Doch lasse nur ein gewisses Maß an Gemeinschaft zu. Bedenke: Im Einzelsein des Menschen sei die Reinigung und Erhöhung des Geistes, in der Gemeinschaft der Menschen gelte die Enthaltsamkeit des Leibes. In der Gemeinschaft wärmt uns die Erde von unten. Im Einzelsein nährt uns der Geist von oben. Dies ist die gelebte Unterschiedenheit von Geist und Leibe des Menschen. Diese Kraft zwischen Geist und Leib, sie ist die magnetische Kraft, die unser ganzes Sein bestimmt.

Anagramm

WEERESMSKGULM

Lizenzierung des Titelbilds
License of Cover Image

Credits

Vasco da Gama Bridge, Lisbon, Portugal by *F Mira* from Lisbon, Portugal.

Published under Creative Commons Attribution-Share Alike 2.0 Generic License:

Overview:

Full License: